Für Diktate üben

4

illustriert von Dunja Schnabel
erarbeitet von Urte Gerlach

westermann

Ein Feuer

In den Ferien spielten Tom und Lea an der alten, großen Fabrik.
Plötzlich sahen die Kinder Rauch.
Lea schrie: „Die Fabrik brennt!
Ich laufe schnell in das Dorf und hole Hilfe!"
Und schon war sie verschwunden.
Kurz danach entdeckte Tom an einem Fenster eine kleine Katze.
Sie war in der Fabrik und schrie leise und schwach.
Tom schimpfte wütend: „Wo ist bloß Lea? Warum hilft niemand?"
Einen Augenblick später hörte er die Feuerwehr …

neue **Lernwörter**

Augenblick	Fabrik	kurz	schrie
bloß	Feuer	niemand	schwach
brennt	Feuerwehr	Rauch	spielten
danach	Hilfe	sahen	verschwunden
Dorf	hilft	schimpfte	warum
entdeckte	hörte	schon	wütend

1 Unterstreiche die neuen Lernwörter im Text.

2 Partnerdiktat: Diktiert euch gegenseitig die folgenden alten Lernwörter.

alt, Fenster, Ferien, groß, holen, Katze, Kind, klein, laufen, leise,
plötzlich, schnell, sie, später

3 Ordne immer fünf Lernwörter nach dem Abc.
Schreibe zuerst 1, 2, 3, 4 oder 5 in die Kreise.
Schreibe die Wörter nach dem Abc geordnet daneben.

◯	bloß	1
◯	warum	2
◯	schrie	3
◯	danach	4
◯	kurz	5

◯	schon	1
◯	wütend	2
◯	Dorf	3
◯	Hilfe	4
◯	Fabrik	5

◯	niemand	1
◯	Augenblick	2
◯	spielten	3
◯	verschwunden	4
◯	Feuerwehr	5

4 Bilde zusammengesetzte Nomen.

Rauch: Abzug, Vergiftung, Schwalbe, Verbot

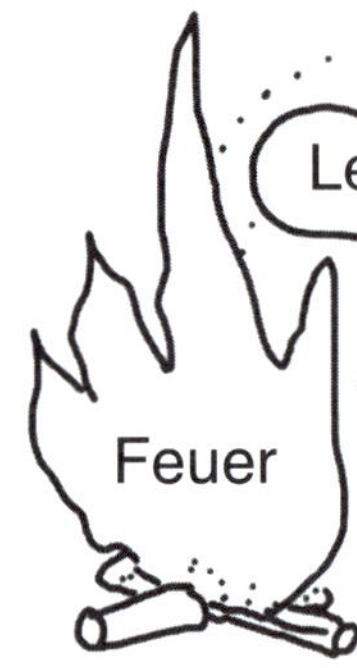

Alarm, Leiter, Stein, Gefahr

5 Nomen – Verben – Adjektive
Unterstreiche die Wörter einer Wortart in der gleichen Farbe.
Ordne die Wörter in die Tabelle ein.

Dorf, groß, schimpfen, Feuer, helfen, entdecken, spielen, klein, kurz, Fabrik, brennen, Hilfe, schnell, alt, Feuerwehr, Augenblick, sehen, schwach, hören, Rauch, leise

Nomen	Verben	Adjektive

6 Geheimschrift! Schreibe die Wörter darunter.

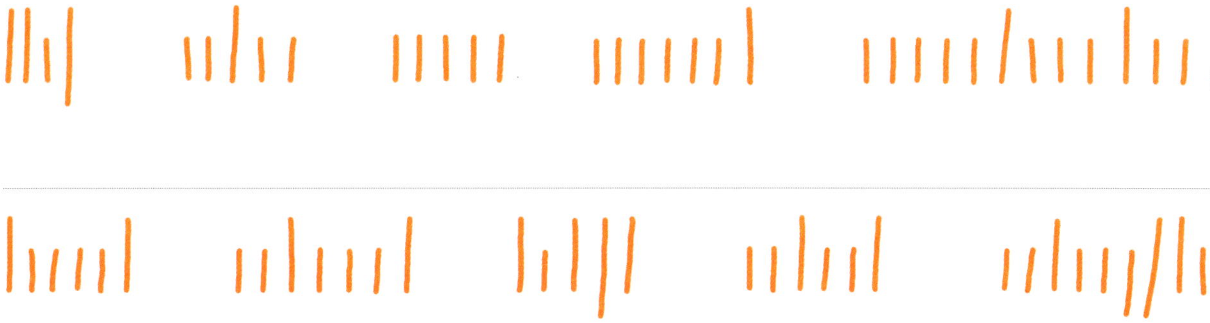

7 Setze die Verben in die Vergangenheit: sie spielen – sie spielten, …

er hört ______	sie läuft ______
er entdeckt ______	sie schreit ______
sie sehen ______	sie brennt ______

8 Schreibe die folgenden Sätze in der Vergangenheit auf.
Achte auf die veränderten Verbformen!

1. Tom und Lea spielen an der alten Fabrik.
2. Plötzlich sehen die Kinder Rauch. Die Fabrik brennt.
3. Lea läuft in das Dorf um Hilfe zu holen.
4. Tom entdeckt eine Katze, die leise schreit.
5. Einen Augenblick später hört Tom die Feuerwehr.

1. Gestern spielten Tom

9 Schreibe den gesamten Text in Schreibschrift auf.

EIN FEUER

IN DEN FERIEN SPIELTEN TOM UND LEA AN DER ALTEN, GROßEN FABRIK.
PLÖTZLICH SAHEN DIE KINDER RAUCH.
LEA SCHRIE: „DIE FABRIK BRENNT!
ICH LAUFE SCHNELL IN DAS DORF UND HOLE HILFE!“
UND SCHON WAR SIE VERSCHWUNDEN.
KURZ DANACH ENTDECKTE TOM AN EINEM FENSTER EINE KLEINE KATZE.
SIE WAR IN DER FABRIK UND SCHRIE LEISE UND SCHWACH.
TOM SCHIMPFTE WÜTEND: „WO IST BLOß LEA? WARUM HILFT NIEMAND?“
EINEN AUGENBLICK SPÄTER HÖRTE ER DIE FEUERWEHR …

Igels Angebote

Wie endet die Geschichte wohl? Schreibe deine Fortsetzung in dein Heft.

Was tut die Katze, was das Feuer? Schreibe die passenden Verben in dein Heft.

Katze: miauen, ...

Feuer: ...

brodeln, kreischen, knistern, flackern, fauchen, schnurren, zischen, knacken

Füge den Wortstamm ein und schreibe die Wörter in dein Heft.

RETT

- .... en
- .... ung
- .... er
- .... ungsarzt
- .... erin

BRENN

- .... bar
- ver .... en
- an .... en
- .... en
- .... holz
- ab .... en

Suche in diesem Buchstabengitter folgende Feuer-Wörter und kennzeichne sie.

Flamme, Feuerwehr, Feuer, Rauch, Rettung, Löschzug, Schlauch, ~~Brand~~, Hitze, Blaulicht

N	S	F	E	R	U	F	L	A	M	M	E	E
R	H	C	B	R	A	N	D	W	E	F	E	F
E	S	I	H	C	H	U	L	Ö	S	C	H	E
T	F	L	T	L	Ö	S	C	H	Z	U	G	U
T	R	A	U	Z	A	B	R	H	A	N	F	E
U	H	I	L	F	E	U	E	R	W	E	H	R
N	S	C	H	R	E	T	C	L	Ö	H	I	R
G	B	L	A	U	L	I	C	H	T	B	L	A

Spannende Berufe

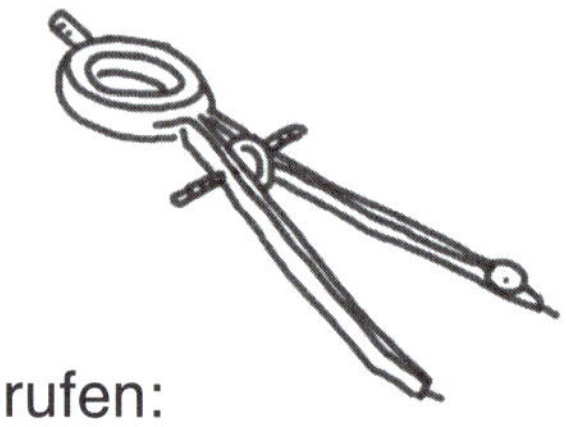

Die Kinder der Klasse 4b erzählen von ihren Traumberufen:
Lukas will als Arzt arbeiten. Er möchte kranken Kindern helfen, gesund zu werden.
Lena will bessere Züge entwickeln, damit die Fahrt zu ihrem Opa schneller geht.
Tom möchte später den ganzen Tag kochen. Im Augenblick schmecken ihm süße Pfannkuchen am besten.
Und Ole? Ole will König werden!
Klug erklärt er: „Als König werde ich gut bezahlt.
Ich sitze in einem Turm mit goldener Spitze, habe immer frei und esse mit Nachbarn und Freunden Kuchen.“

neue **Lernwörter**

am besten	erklärt	klug	süß
arbeiten	Fahrt	König	Traumberuf
Arzt	frei	möchte	Turm
Beruf	geht	Nachbar	Züge
besser	gesund	schmecken	
bezahlt	golden	schneller	
entwickeln	helfen	Spitze	

1 Unterstreiche die neuen Lernwörter im Text.

2 Partnerdiktat: Diktiert euch gegenseitig die folgenden alten Lernwörter.

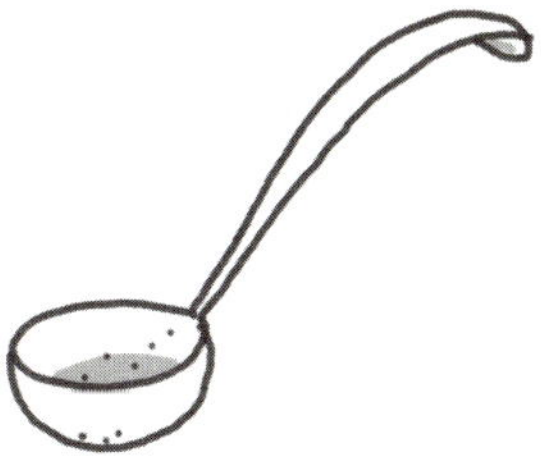

Augenblick, damit, essen, erzählen, Freund, ganz, gut, ihm, ihrem, ihren, immer, Kind, Klasse, kochen, krank, Kuchen, Opa, Pfannkuchen, sitzen, spannend, später, Tag

3 Ordne immer fünf Lernwörter nach dem Abc.
Schreibe zuerst 1, 2, 3, 4 oder 5 in die Kreise.
Schreibe die Wörter nach dem Abc geordnet daneben.

◯	Turm	1
◯	besser	2
◯	golden	3
◯	frei	4
◯	helfen	5

◯	Arzt	1
◯	Beruf	2
◯	Spitze	3
◯	geht	4
◯	Fahrt	5

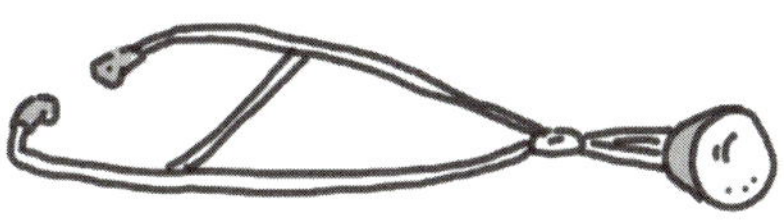

◯	Nachbar	1
◯	schmecken	2
◯	arbeiten	3
◯	bezahlen	4
◯	erklären	5

4 Bilde zu den folgenden Adjektiven Vergleichsformen.

klug ______________________ ______________________

gut ______________________ ______________________

süß ______________________ ______________________

schnell ______________________ ______________________

5 Trage das Gegenteil ein.

6 Streiche das Wort, das nicht zu der genannten Wortart gehört. Schreibe die richtigen Wörter der Wortart auf.

Verben	Nomen	Adjektive
helfen	Nachbar	frei
erklären	Spitze	gesund
gehen	frei	klug
golden	König	arbeiten
arbeiten	Traumberuf	golden
bezahlen	Turm	süß
entwickeln	Beruf	spannend

7 Auf jedes Wort reimt sich eines deiner neuen Lernwörter.
Schreibe die Reimwörter auf.

rund	Wurm	Hitze
wecken	Lüge	hart

8 Wer sagt was? Verbinde.

9 Schreibe Sätze auf und setze die richtigen Redezeichen.

1 Die Lehrerin fragt: „Was

2 Lukas antwortet: „

10 Kannst du diese Bandwurmsätze richtig aufschreiben? Kennzeichne zuerst die Wortgrenzen und überlege dir, welche Wörter großgeschrieben werden.

Spannendeberufe

Diekinderderklasse 4b erzählenvonihrentraumberufen:

Lukaswillalsarztarbeiten. Ermöchtekrankenkindernhelfen, gesundzuwerden.

Lenawillbesserezügeentwickeln, damitdiefahrtzuihremopaschnellergeht.

Tommöchtespäterdenganzentagkochen.

Imaugenblickschmeckenihmsüßepfannkuchenambesten.

Undole? Olewillkönigwerden! Klugerklärter: „Alskönigwerdeichgutbezahlt.

Ichsitzeineinemturmmitgoldenerspitze, habeimmerfreiundessemitnachbarn

undfreundenkuchen.“

Igels Angebote

Kannst du ein Berufe-Abc erfinden?

Arzt
Busfahrerin
Computerspezialist
...

Erfinde auch ein Abc der Quatsch-Berufe.

Ameisenhügelpfleger
Bonbontester
Cordhosenknopfannäher
...

Berufe-Raten!

Schreibe die Berufe in der Einzahl und Mehrzahl in dein Heft:

der Arzt – die Ärzte, ...

TINLIPOZIS

ZTAR

LOTPI

TINÄRZ

RELEHRIN

RERIXTAFAH

SÖRFRI

CHINKÖ

KÄUVERFER

GESÄNRIN

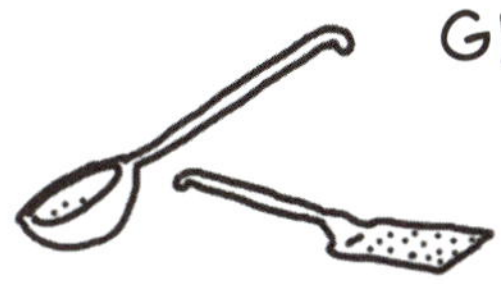

ARZTZAHN

TINCHIARTEK

Welchen Beruf findest du spannend?
Schreibe und male deinen Berufswunsch in dein Heft.
Begründe deine Wahl.

Ich möchte
Verkäufer werden.
Am liebsten ...

Ich möchte
Tierärztin werden,
weil ...

Ritter Jan

Als Jan aus der Schule kommt, verschwindet er sofort in seinem Zimmer und stürzt an den Computer. Sein Freund hat ihm ein spannendes Spiel verkauft.
Im Spiel ist Jan ein Ritter. Er muss den kürzesten Weg zu der Ritterburg finden.
Jan bekommt einen Helm und steigt auf ein riesiges Pferd.
Schlau und mutig lässt er sein Pferd über Zäune und wilde Flüsse springen.
Er kämpft.
Aber wo ist bloß Norden, Süden, Osten und Westen?
Jan sieht auf die Karte …
„Jan! Es gibt Mittagessen!“, ruft sein Vater und pfeift laut.
Da ärgert sich Jan.

neue Lernwörter

am kürzesten	kommt	Ritterburg	über
ärgert sich	lässt	ruft	verkauft
bekommt	mutig	schlau	verschwindet
Computer	Norden	seinem	Westen
Flüsse	Osten	sieht	wild
Helm	pfeift	sofort	Zäune
kämpft	riesig	stürzt	
Karte	Ritter	Süden	

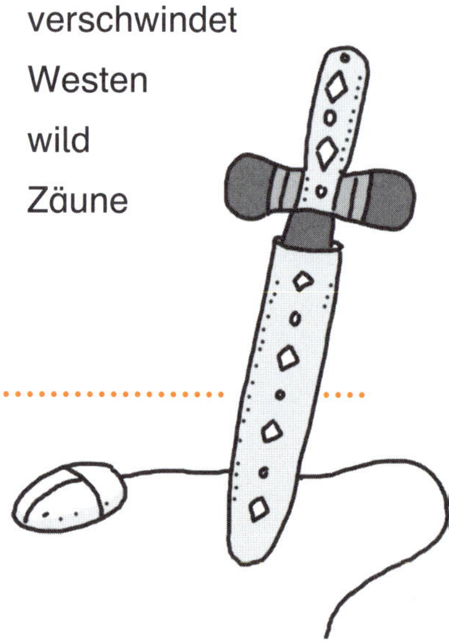

1 Unterstreiche die neuen Lernwörter im Text.

2 Partnerdiktat: Diktiert euch gegenseitig die folgenden alten Lernwörter.

aber, bloß, finden, Freund, gibt, ihm, laut, Mittagessen, muss, Pferd, Schule, spannend, Spiel, springen, steigt, Vater, Weg, Zimmer

3 Welche Wörter entdeckst du auf diesen Bildschirmen?

4 Erkennst du auch diese neuen Lernwörter?

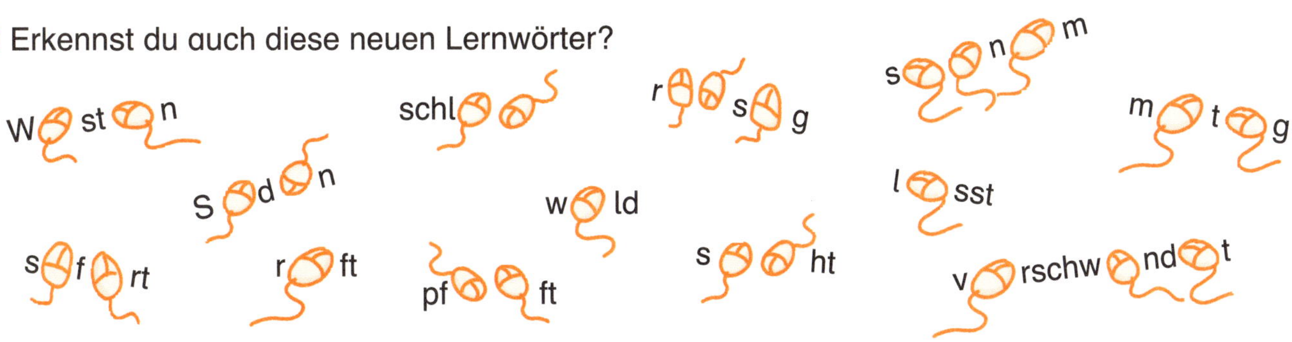

5 Schreibe die folgenden Nomen in der Mehrzahl auf.

der Fluss	der Ritter	der Zaun
die Ritterburg	der Computer	der Helm
die Karte	das Spiel	das Pferd

6 Welche Himmelsrichtung wird hier angezeigt?

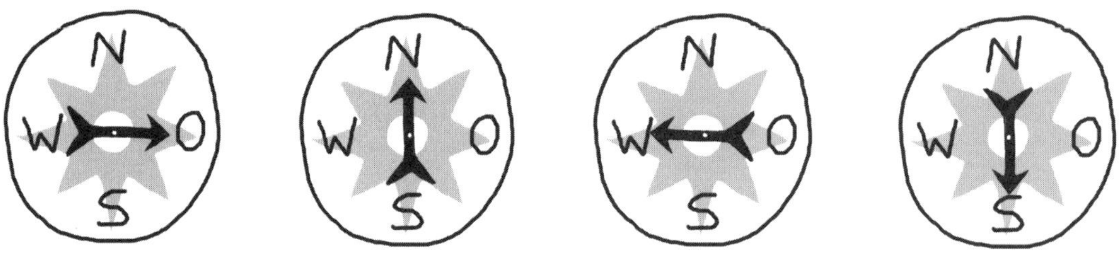

Der Pfeil zeigt nach:

7 Ergänze zu jedem Verb die entsprechende Personalform.
Du findest sie im Text.

sich ärgern	– Jan		pfeifen	– er	
bekommen	– er		rufen	– er	
kämpfen	– er		sehen	– er	
kommen	– er		stürzen	– er	
lassen	– er		verkaufen	– er	

8 Aus Aufforderungssätzen werden Aussagesätze! Schreibe auf, was Jan tut.

Jan sucht den kürzesten Weg
zu der Ritterburg.

9 Schreibe den gesamten Text in der Vergangenheit auf.
Achtung: Alle gelben Verben verändern sich dabei!

Ritter Jan

Als Jan aus der Schule kommt, verschwindet er sofort in seinem Zimmer und stürzt an den Computer. Sein Freund hat ihm ein spannendes Spiel verkauft.
Im Spiel ist Jan ein Ritter. Er muss den kürzesten Weg zu der Ritterburg finden.
Jan bekommt einen Helm und steigt auf ein riesiges Pferd.
Schlau und mutig lässt er sein Pferd über Zäune und wilde Flüsse springen.
Er kämpft.
Aber wo ist bloß Norden, Süden, Osten und Westen? Jan sieht auf die Karte …
„Jan! Es gibt Mittagessen!“, ruft sein Vater und pfeift laut. Da ärgert sich Jan.

Ritter Jan
Als Jan gestern aus der Schule kam,

Das ist Jan am Computer.
Male Jan als Ritter.
Überlege dir, was alles zu seiner Ritterausrüstung gehört.

Kannst du diesen Ritt von Jan „bewegt“ lesen?

hoppla hopp
und hopplala
im Galopp
lala hopp

ale hopp
und hopp ale
im Galopp
ale hopp

hoppsa hopp
und hoppsassa
im Galopp
sassa hopp

(© Jürgen Spohn)

Bilde in deinem Heft zusammengesetzte Nomen.

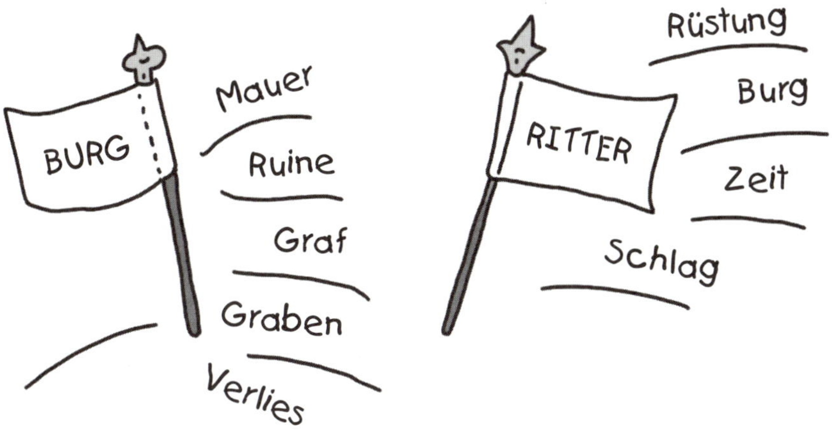

Zeige Jan den Weg zur Ritterburg.

In Afrika

Um sich vor der Sonne zu schützen, hatten sich Malick und Jorge aus Brettern eine kleine Wohnung gebaut. Dort konnten die zwei Jungen erzählen, träumen, Freunde einladen, lesen und Spiele erfinden.
Malick saß auf einer alten, weichen Decke und baute aus einem Brett ein Spielfeld.
Er sägte, hämmerte und klebte.
In der Zeit machte sich Jorge auf den Weg um Holz zu suchen.
Er sammelte kleine Hölzer und brachte sie in die Hütte.
Mit den Fingern machten die Jungen die Hölzer sauber.
Mit dem Messer schnitten sie sie kürzer und setzten sie auf das Spielfeld.
Gemeinsam entwickelten sie Spielregeln und verkauften ihre Spiele in den Dörfern.

neue Lernwörter

Afrika	gebaut	lesen	setzten
baute	gemeinsam	machte	Spielfeld
brachte	hämmerte	sägte	Spielregel
Brett	Holz	sammelte	träumen
einladen	Hütte	saß	verkaufte
entwickelten	klebte	sauber	weich
erfinden	konnten	schnitten	Wohnung
Finger	kürzer	schützen	

1 Unterstreiche die neuen Lernwörter im Text.

2 Partnerdiktat: Diktiert euch gegenseitig die folgenden alten Lernwörter.

alt, Decke, Dorf, dort, erzählen, Freund, hatten, Junge, klein, Messer, sie, Sonne, Spiel, suchen, vor, Weg, Zeit, zwei

3 Welche neuen Lernwörter findest du in der Hütte von Malick und Jorge?

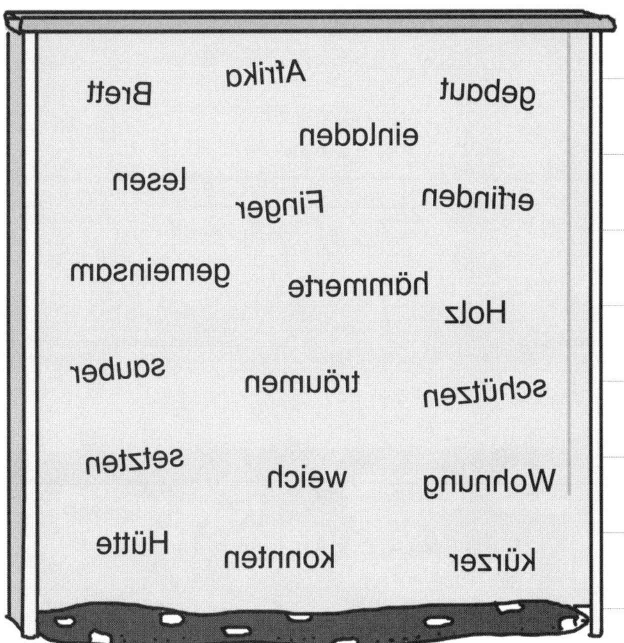

4 Bilde zusammengesetzte Nomen.

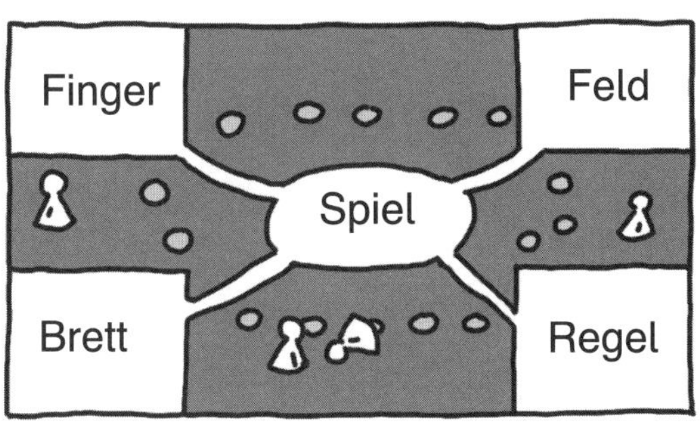

5 Streiche das Wort, das nicht zu der genannten Wortart gehört.
Schreibe die richtigen Wörter der Wortart auf.

Verben

- erfinden
- bauen
- lesen
- machen
- schützen
- träumen
- klein

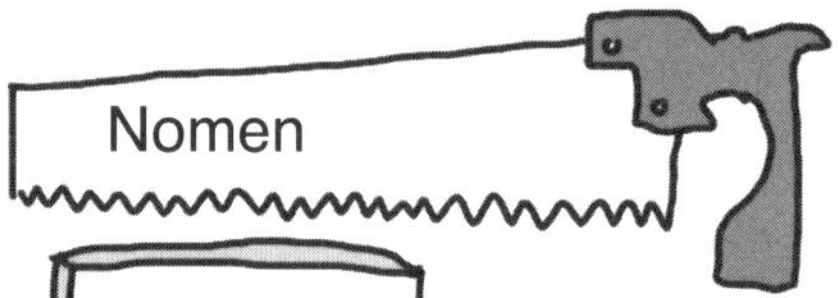

Nomen

- Holz
- Spielregel
- Hütte
- Spielfeld
- hämmern
- Wohnung
- Finger

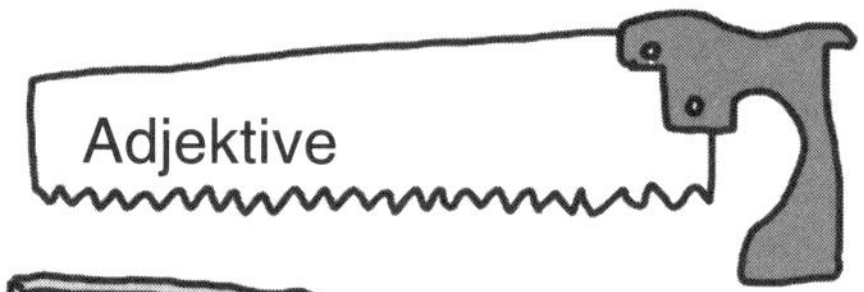

Adjektive

- sauber
- kurz
- weich
- bauen
- alt
- klein
- hart

6 Finde zu jedem Verb eine passende Vorsilbe.
Schreibe die Zusammensetzungen auf.

ab an ein aus ver vor

wickeln laden kaufen sammeln sägen schneiden kleben setzen bauen bringen lesen machen

7 Setze die Verben in die Vergangenheit. Die Geheimschrift hilft dir.

er klebt – er ______ sie verkaufen – sie ______

er sägt – er ______ sie schneiden – sie ______

er sitzt – er ______ er sammelt – er ______

er bringt – er ______ sie entwickeln – sie ______

er baut – er ______ er hämmert – er ______

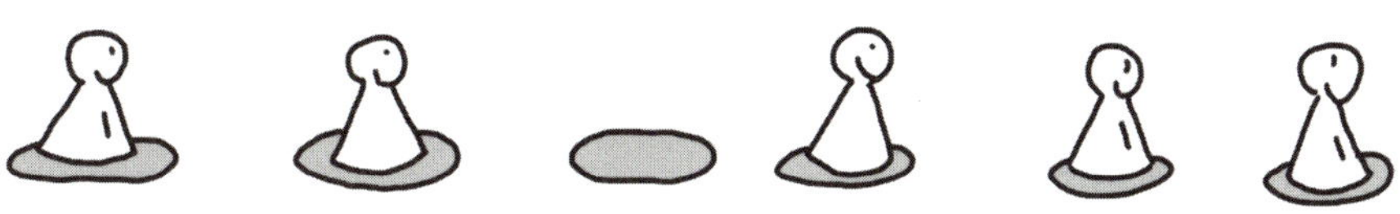

8 Füge die passenden Verben in den Text ein.

1. Malick saß auf einer Decke und ______ ein Spielfeld.
2. Er ______ , ______ und ______ .
3. Jorge ______ Hölzer und ______ sie in die Hütte.
4. Gemeinsam ______ sie die Hölzer kürzer.
5. Sie ______ Spielregeln und ______ ihre Spiele in den Dörfern.

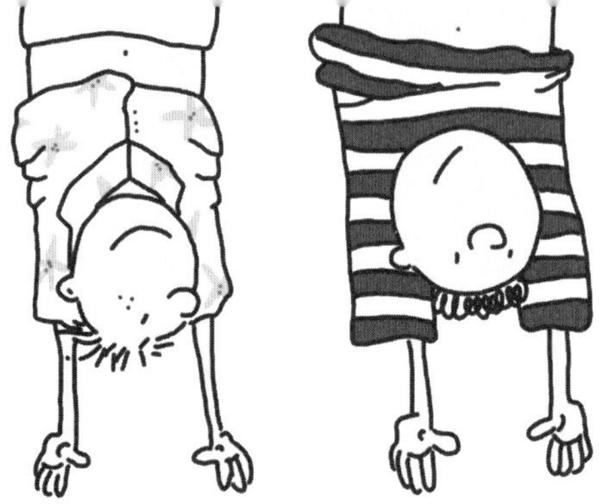

9 Schreibe den gesamten Text richtig auf.

InAfrika

Umsic hvo rderSon nezuschü tzen,hat tensi chMali ckun dJor geausBret tern
einekl eineWo hnunggeb aut. Dortkon ntendi ezweiJu ngenerz ählen,träumen,
Freu ndeeinl aden,les enun dSpi eleer finden.
Malicks aßau fein eral ten,wei chenDe ckeun dbau teau seine mBret tein Spie lfeld.
Ersä gte,häm merteun dklebte.
Inde rZei tmac htesi chJor geau fde nWe gumHo lzzusu chen. Ers ammelte kle ineHö lzer
u ndbr achtes ieindi eHütte. Mitd enFin gernma chtend ieJun gendi eHö lzersau ber.
Mitd emMesser schni ttensi esi ekür zeru ndse tzte nsi eaufda sSpielfeld.
Gemein sament wickel tensi eSpielr egelnu ndver kauftenihr eSpielei nden Dör fern.

Igels Angebote

Malick und Jorge sind afrikanische Namen.
Schreibe Namen aus möglichst vielen Ländern in dein Heft.

englische Namen: …
türkische Namen: …
polnische Namen: …
russische Namen: …
französische Namen: …
italienische Namen: …
spanische Namen: …
japanische Namen: …
…

Das sind Malick und Jorge in ihrer Hütte.
Entdeckst du die zehn Unterschiede?

Was können Malick und Jorge in ihrer Hütte alles machen?
Erfinde ein Hütten-Abc.

Arbeiten
Basteln
Cowboy spielen
…

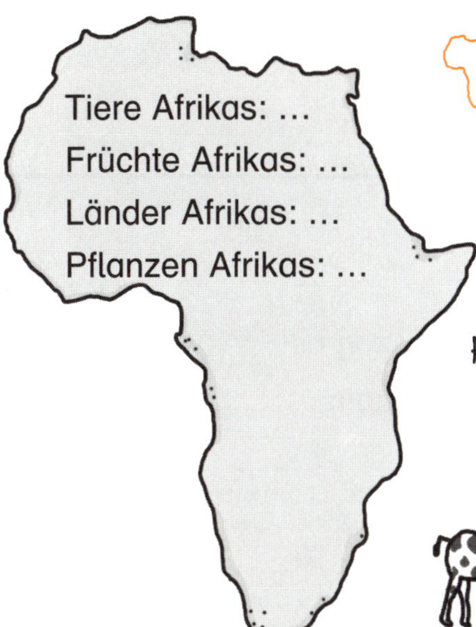

Rund um Afrika! Sortiere die Begriffe in deinem Heft.

Libyen Orange Kokosnuss Palme

Banane Affe Ananas

Giraffe Papagei Passionsfrucht Löwe Kenia

Farn Kaktus Orchidee Nigeria Zebra

Namibia Affenbrotbaum Tansania

Über Stock und Stein

Es war noch sehr früh, als die Sonne in Janas Zimmer schien.
Leise zog sie sich an und holte ihren Helm. Sie nahm das Fahrrad ihres Bruders, der zum Glück noch schlief.
Die Stange und die Räder des Fahrrads glänzten.
Jana sprang fröhlich auf das Rad und verschwand. Schnell jagte sie einen Berg hoch und lenkte sicher um die Steine. Die Reifen gruben sich in den Weg.
Jana bremste vor einer Kurve, fuhr dann aber wieder schneller.
Das Rad war ein Traum!
Leise stellte Jana das Fahrrad wieder in den Keller und putzte die Reifen.
Hoffentlich hatte ihre Familie sie nicht gehört!
Müde fiel sie in ihr Bett und zog die Decke über das Gesicht.

neue Lernwörter

bremste	gruben	putzte	stellte
Familie	hoffentlich	Reifen	Stock
fiel	holte	schien	Traum
fröhlich	jagte	schlief	verschwand
früh	Kurve	sehr	zog
gehört	lenkte	sicher	zog an
Gesicht	müde	sprang	zum
glänzten	nahm	Stange	

1 Unterstreiche die neuen Lernwörter im Text.

2 Partnerdiktat: Diktiert euch gegenseitig die folgenden alten Lernwörter.

Berg, Bett, Bruder, dann, Decke, Fahrrad, fuhr, Glück, hatte, Helm, hoch, Keller, leise, nicht, noch, Rad, schnell, Sonne, Stein, über, vor, Weg, wieder, Zimmer

3 Welche Lernwörter findest du in diesem alten Fahrradschlauch?

4 Geheimschrift! Schreibe die Wörter darunter.

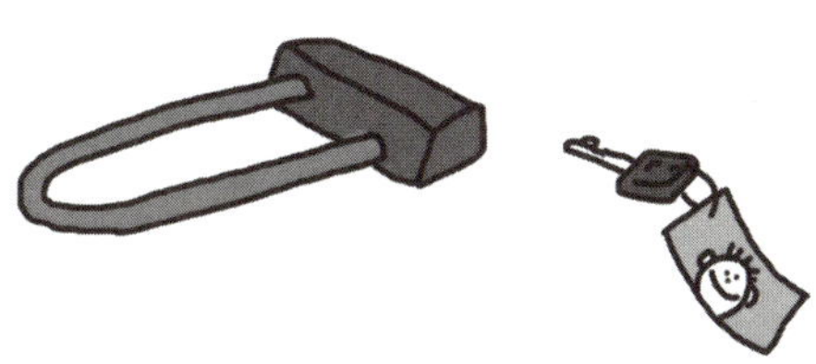

5 Ordne immer fünf Lernwörter nach dem Abc.
Schreibe zuerst 1, 2, 3, 4 oder 5 in die Kreise.
Schreibe die Wörter nach dem Abc geordnet daneben.

◯	früh	1
◯	schien	2
◯	holte	3
◯	zum	4
◯	fiel	5

◯	gehört	1
◯	nahm	2
◯	Gesicht	3
◯	putzte	4
◯	Kurve	5

◯	glänzten	1
◯	Familie	2
◯	hoffentlich	3
◯	bremste	4
◯	verschwand	5

6 Wie heißen die Reimwörter?

7 Welche neuen Lernwörter reimen sich auf diese Wörter?

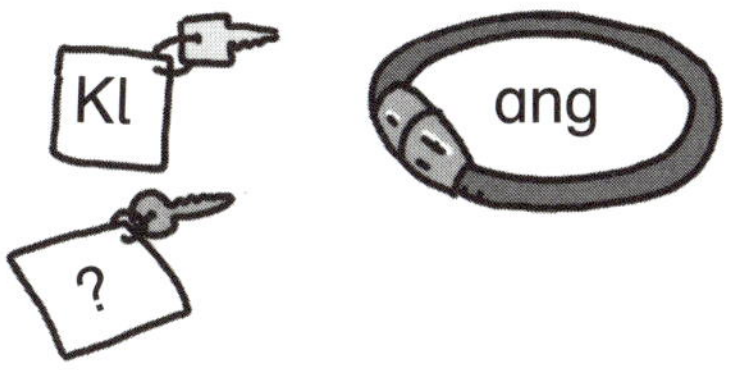

8 Kannst du alle Geheimschriften entschlüsseln? Schreibe die Sätze richtig auf.

J◆n◆ z◆g s◆ch ◆n, n◆hm fr◆hl◆ch d◆s gl◆nz◆nd◆ F◆hrr◆d ◆hr◆s Br◆d◆rs ◆nd v◆rschw◆nd.

Sxü jagtü üxnün Bürg hoch und lünktü sxchür um dxü Stüxnü.

bnu relleK neb ni barrhaF sab eis etllets ebüM
.netieR eib etztup

9 Schreibe den gesamten Text richtig auf.

Überstockundstein

Eswarnochsehrfrüh, alsdiesonneinjanaszimmerschien. Leisezogsiesichanund holteihrenhelm. Sienahmdasfahrradihresbruders, derzumglücknochschlief. Diestangeunddieräderdesfahrradsglänzten. Janasprangfröhlichaufdasradundverschwand. Schnelljagtesieeinenberghochundlenktesicherumdiesteine. Diereifengrubensichindenweg. Janabremstevoreinerkurve, fuhrdannaberwiederschneller. Dasradwareintraum! Leisestelltejanadasfahrradwiederindenkellerundputztediereifen. Hoffentlich hatteihrefamiliesienichtgehört! Müdefielsieinihrbettundzogdiedeckeüberdasgesicht.

Igels Angebote

Am nächsten Tag erzählt Jana ihrer besten Freundin von ihren Erlebnissen. Schreibe in dein Heft, was sie ihr alles erzählt.

Bilde in deinem Heft zusammengesetzte Nomen.

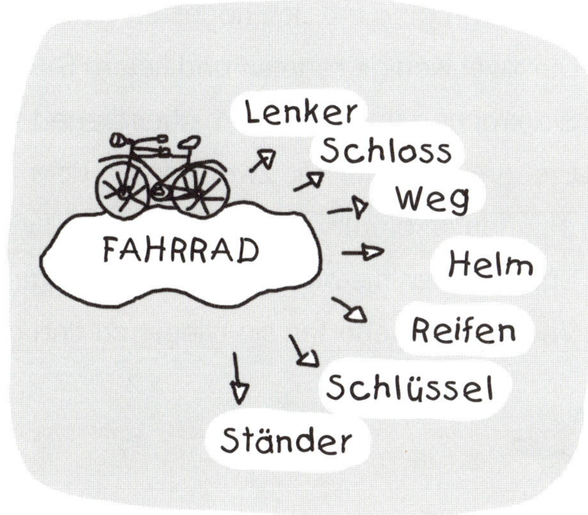

Male dein Traum-Fahrrad und beschreibe die Besonderheiten.

Mein Traumfahrrad
ist drachengrün
und hat rote Punkte.
Es hat 100 Gänge und
ist schnell wie der Blitz.
Wenn ich …

Schreibe den Text in dein Heft. Ergänze dabei das Wort fährt durch andere Wörter.

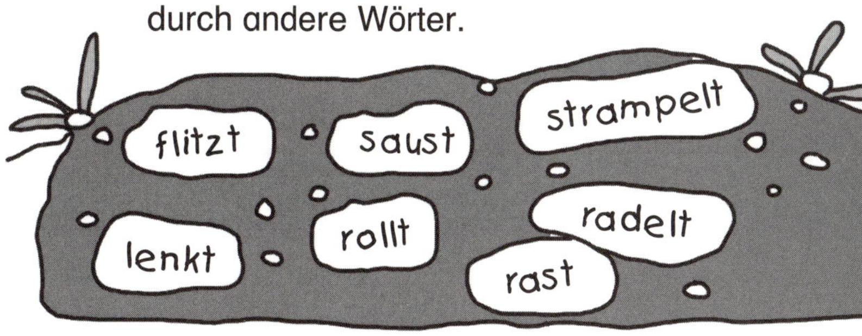

Jana steigt auf das Rad und fährt los.
Sie fährt einen steilen Berg hoch
und fährt um einige Kurven.
Dann fährt sie den Berg hinunter.
Sie fährt schneller und schneller.
Rasch fährt sie noch um die Ecke
und fährt dann wieder nach Hause.

Der große Traum

Es lebten einmal zwei Könige, die sich wünschten, fliegen zu können.
Heimlich stiegen sie Türme hoch und hüpften auf der Stelle.
Sie aßen nur noch Gemüse und tranken Wasser.
Das konnten selbst die klügsten Ärzte und Ärztinnen der Stadt nicht erklären.
An einem schönen Sonntag verschwanden die beiden Könige.
Ihre Fahrt ging auf den höchsten Berg der Stadt.
Die zwei Könige rannten und fielen. Sie kämpften und stürzten.
Sie krochen und rutschten, aber fliegen konnten sie nicht.
Erst ärgerten sich die zwei Herren, aber schon bald lachten sie und riefen:
„Fliegen ist blöd!"
Später luden sie alle Freunde ein, sangen und aßen gemeinsam Pudding mit Sahne.
Von nun an gehörten sie wieder zu den glücklichsten Königen der Welt.

neue Lernwörter

am glücklichsten	erklären	krochen	Sahne
am höchsten	erst	lachten	sangen
am klügsten	gehörten	lebten	selbst
ärgerten	ging	luden ein	Stelle
Ärztin	heimlich	nun	stiegen
aßen	Herr	Pudding	stürzten
blöd	hüpften	rannten	tranken
einmal	kämpften	rutschten	Welt

1 Unterstreiche die neuen Lernwörter im Text.

2 Partnerdiktat: Diktiert euch gegenseitig die folgenden alten Lernwörter.

aber, Arzt, bald, beide, Fahrt, fielen, fliegen, gemeinsam, Gemüse, groß, hoch, König, können, konnten, nicht, riefen, schön, Sonntag, später, Stadt, Traum, Turm, verschwanden, Wasser, wieder, wünschten, zwei

3 Schreibe die Lernwörter aus der Krone richtig auf.

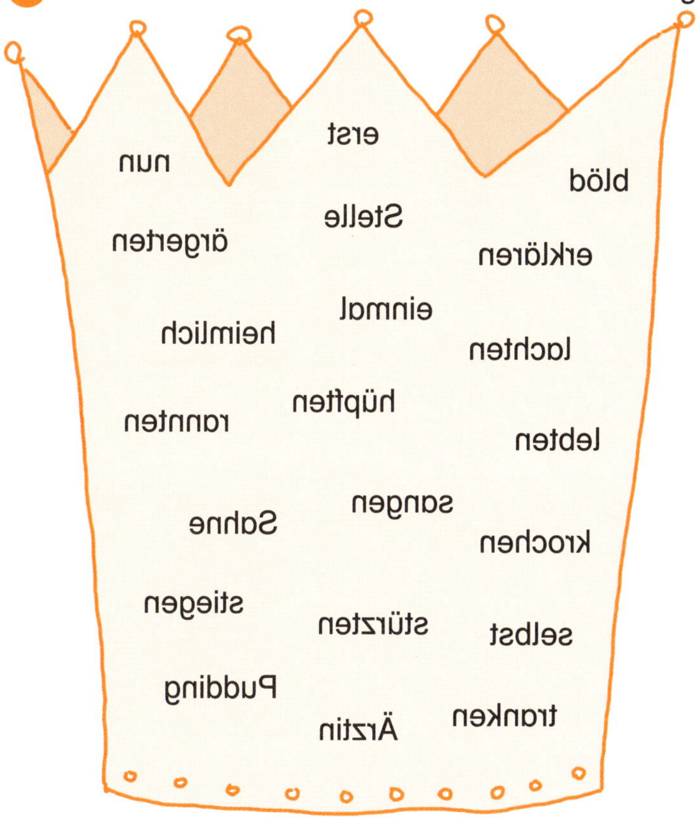

4 Ordne immer sechs Lernwörter nach dem Abc.
Schreibe zuerst 1, 2, 3, 4, 5 oder 6 in die Kreise.
Schreibe die Wörter nach dem Abc geordnet daneben.

◯	erst	1 ______	◯	Welt	1 ______
◯	blöd	2 ______	◯	selbst	2 ______
◯	nun	3 ______	◯	aßen	3 ______
◯	ging	4 ______	◯	Stelle	4 ______
◯	Welt	5 ______	◯	einmal	5 ______
◯	Herr	6 ______	◯	heimlich	6 ______

5 Setze die Adjektive passend in das Wortgitter ein.

6 Bilde zu den folgenden Adjektiven Vergleichsformen.

klug ______ ______

hoch ______ ______

schön ______ ______

glücklich ______ ______

7 Schreibe die folgenden Nomen in der Mehrzahl auf.

der Traum	der König	der Turm
der Arzt	die Stadt	die Ärztin
der Berg	der Herr	der Freund

8 Jedes dieser Wörter besteht aus zwei Nomen.
Schreibe die Nomen mit ihren Artikeln auf.

Berggipfel	der Berg	der Gipfel
Sahnepudding		
Gemüsesuppe		
Weltstadt		
Kinderärztin		
Autofahrt		

9 Immer zwei bis drei Kronen ergeben ein Lernwörter-Verb (in der Grundform).
Schreibe alle Verben auf.

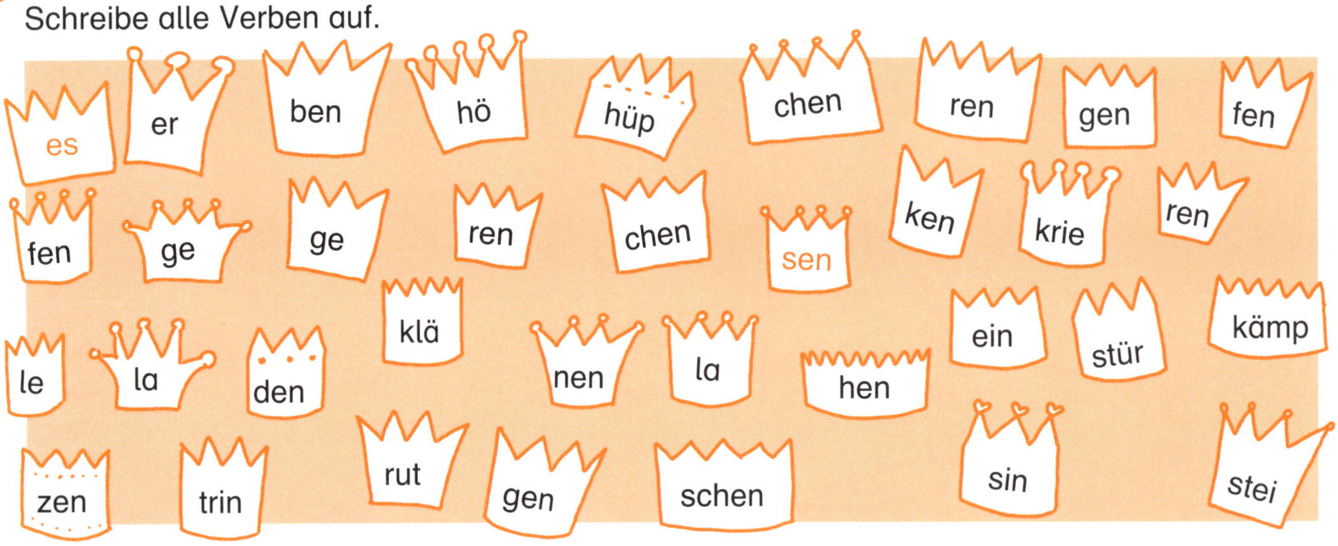

essen, ______

______

______

______

10 Was taten die beiden Könige?
Setze passende Verben in der Vergangenheit ein.

1. Die Könige aßen nur noch Gemüse und ______ Wasser.

2. Sie ______ Türme hoch und ______ auf der Stelle.

3. Eines Tages fuhren die beiden Könige auf den höchsten Berg der Stadt.

   Sie ______ und fielen.

   Sie ______ und ______.

   Sie ______ und ______,

   aber fliegen konnten sie nicht.

4. Da ______ sie und riefen: „Fliegen ist blöd!“

11 Erzähle einem anderen Kind die Geschichte anhand der Bilder.
Schreibe die Geschichte auf.

Der große Traum

FLIEGEN IST BLÖD!

Igels Angebote

Bilde in deinem Heft zusammengesetzte Nomen.

Stell dir vor,
du könntest für einen Tag fliegen.
Wohin würdest du fliegen?
Was würdest du gerne sehen?
Schreibe deine Gedanken in dein Heft.

Schreibe jedes Lernwort auf eine Krone und gib alle Kronen-Wörter in einen Umschlag.

Diktiert euch die Wörter aus dem Umschlag gegenseitig. Jedes richtig geschriebene Wort darf aus dem Umschlag in den Papierkorb wandern.

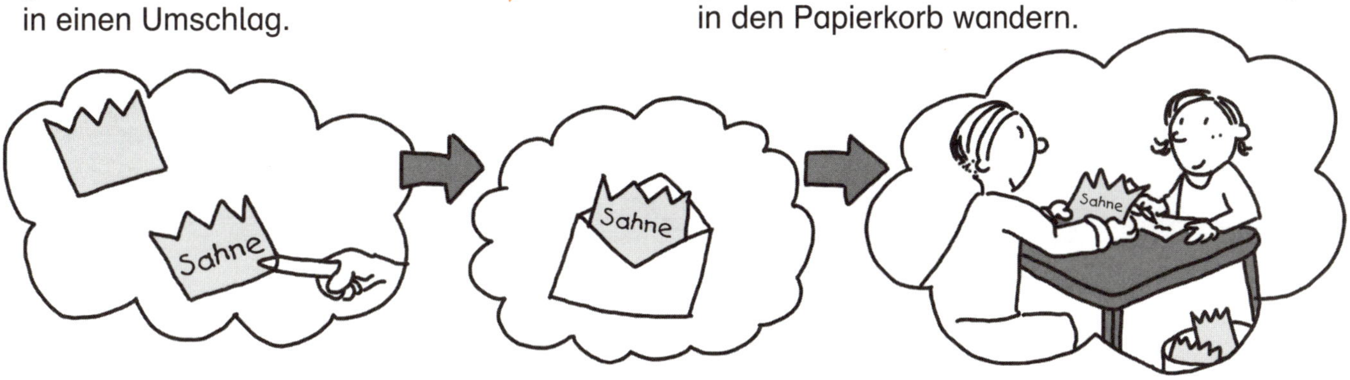

Was tun die Könige?
Kennzeichne die gesuchten Verben.

hüpfen
rutschen
stürzen
essen
rennen
fallen
lachen
kämpfen
kriechen

H	Ü	P	K	Ä	M	P	F	E	N	R
H	Ü	P	F	E	N	E	N	N	S	F
A	E	L	L	A	S	T	R	U	T	E
L	S	A	A	K	L	A	R	U	Ü	S
A	S	K	S	C	K	L	F	E	R	E
R	E	R	T	Ä	H	A	E	S	Z	S
U	N	I	Ü	L	R	E	N	N	E	N
K	R	I	E	C	H	E	N	C	N	H
L	R	U	T	S	C	H	E	N	E	N

Plötzlich wird es laut

An einem sonnigen Tag gehe ich allein im Wald spazieren.
Ich esse Beeren am Weg und sehe ein Reh, das sich Nahrung sucht.
In einer Tüte sammle ich Zapfen und Stöcke um später damit
ein Waldmännchen zu basteln.
Auf meinem Weg treffe ich einen Förster, der im Wald arbeitet.
Er gräbt ein tiefes Loch und pflanzt einen kleinen, jungen Baum.
Er schützt ihn mit einem Zaun aus Holz.
Langsam wandere ich an ihm vorbei.
Ich hänge meine Jacke an einem spitzen Zweig auf, lege mich in das weiche Laub und
träume. Wolken ziehen am Himmel entlang und der Wind flüstert in den Bäumen.
Ein Käfer kriecht leise an mir vorbei.
Dann plötzlich wird es laut! Ein großer Vogel jagt, fängt und frisst eine Maus.

neue Lernwörter

arbeitet	Förster	Laub	spitz
aufhängen	frisst	Nahrung	tief
Baum	gräbt	pflanzt	Tüte
Bäume	ihn	Reh	Waldmännchen
Beere	Jacke	sammeln	wandern
entlang	jagt	schützt	Zapfen
fängt	Käfer	sonnig	ziehen
flüstert	kriecht	spazieren	Zweig

1 Unterstreiche die neuen Lernwörter im Text.

❷ Partnerdiktat: Diktiert euch gegenseitig die folgenden alten Lernwörter.

allein, basteln, damit, essen, gehen, groß, Himmel, Holz, jung, klein, langsam, laut, legen, leise, plötzlich, sehen, später, Stock, sucht, Tag, träumen, Vogel, vorbei, Wald, Weg, weich, Wind, Wolke, Zaun

❸ Kennzeichne in diesem Buchstabengitter 12 neue Lernwörter-Nomen und schreibe sie mit ihrem Artikel auf.

R	E	H	R	F	Ö	R	S	T	E	R	E	E	F	Ö
Z	A	Z	Z	A	P	F	E	N	T	Ü	L	A	B	F
K	Ä	Z	J	W	A	F	Ö	B	A	U	L	F	E	Ö
T	L	L	A	U	B	J	B	E	E	H	F	Ö	E	R
Z	Ü	J	C	A	C	A	K	Ä	F	E	R	W	R	L
R	O	T	K	K	J	Z	U	W	G	W	A	U	E	L
W	Z	W	E	I	G	Z	S	M	F	Ö	K	Ä	N	F
W	A	L	D	M	Ä	N	N	C	H	E	N	E	R	G

4 Schreibe die folgenden Nomen in der Mehrzahl auf.

der Baum	der Wald	das Holz
der Zaun	der Vogel	der Förster
das Reh	die Beere	der Zweig

5 Bilde zusammengesetzte Nomen.

Männchen
Beeren
Boden
Weg
Rand
Lichtung

Krone
Stamm
Schule
Wipfel
Blüte
Stumpf

6 Welche neuen Lernwörter ziehen in diesen Wolken vorüber? Schreibe sie auf.

7 Füge den Wortstamm ein.
Schreibe die Wörter auf. Achte dabei auf die Groß- und Kleinschreibung.

SAMM	PFLANZ	WANDER
ver .... eln	.... ung	.... n
.... lung	ein .... en	.... ung
ein .... eln	.... e	.... weg
.... ler	.... stock	.... er
.... elwut	aus .... en	.... tag
Ver .... lung	.... engift	.... lust

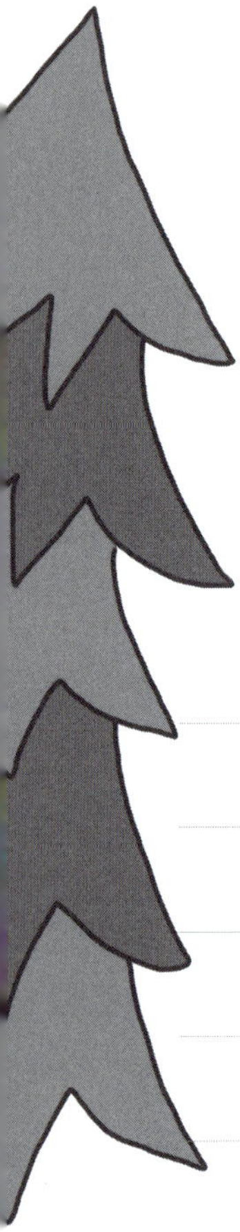

8 Ordne immer fünf Lernwörter nach dem Abc.
Schreibe zuerst 1, 2, 3, 4 oder 5 in die Kreise.
Schreibe die Wörter nach dem Abc geordnet daneben.

◯	tief	1	◯	fängt	1
◯	spitz	2	◯	sonnig	2
◯	Baum	3	◯	gräbt	3
◯	ihn	4	◯	frisst	4
◯	jagt	5	◯	Käfer	5

- ◯ aufhängen 1 ____________
- ◯ spazieren 2 ____________
- ◯ Nahrung 3 ____________
- ◯ entlang 4 ____________
- ◯ arbeiten 5 ____________

- ◯ ziehen 1 ____________
- ◯ schützt 2 ____________
- ◯ kriecht 3 ____________
- ◯ flüstert 4 ____________
- ◯ Bäume 5 ____________

9 Würfle Sätze und schreibe sie auf.

⚀ Ein Reh	⚀ sucht	⚀ Nahrung.
⚁ Ein Mädchen	⚁ sammelt	⚁ Stöcke.
⚂ Der Förster	⚂ gräbt	⚂ ein Loch.
⚃ Er	⚃ pflanzt	⚃ einen Baum.
⚄ Der Junge	⚄ sieht	⚄ einen Käfer.
⚅ Der Vogel	⚅ jagt	⚅ eine Maus.

◻ ______	◻ ______	◻ ______
◻ ______	◻ ______	◻ ______
◻ ______	◻ ______	◻ ______
◻ ______	◻ ______	◻ ______
◻ ______	◻ ______	◻ ______
◻ ______	◻ ______	◻ ______
◻ ______	◻ ______	◻ ______
◻ ______	◻ ______	◻ ______

10 Schreibe deine Lernwörter-Geschichte in der Vergangenheit auf.

Gestern ging ich allein
im Wald spazieren.
Ich aß Beeren am Weg und ...

Diese Verbformen helfen dir:
ging, aß, sah, suchte, sammelte, traf, arbeitete, grub, pflanzte, schützte, wanderte, hängte, legte, träumte, zogen, flüsterte, kroch, wurde, jagte, fing, fraß.

Igels Angebote

Setze die Nomen passend in das Wortgitter ein.

Welches Blatt gehört zu welchem Baum? Verbinde.

Birke Eiche Esche

Ahorn

Kastanie

Suche dir einen Waldbewohner aus und schreibe einen Steckbrief. Lass die anderen Kinder raten, welches Tier du beschrieben hast.

Mein Waldbewohner

Größe: …
Gewicht: …
Aussehen: …
Verhalten: …
Nahrung: …

Das Abschiedsfest

Mit schönster Schrift schreiben die Jungen und Mädchen der 4b Einladungen.
Die ganze Klasse lädt herzlich zu ihrem Abschiedsfest ein.
Vor dem großen Abend putzen die Kinder sorgfältig ihr Klassenzimmer.
Danach hängen sie bunte Blumen an die Fenster und an die Tafel und schreiben einen freundlichen Gruß dazu.
Tim stellt Kerzen auf die Tische. Die wollen sie am Abend anzünden.
In einer Ecke liest Lena ein lustiges Gedicht, das sie später vorlesen möchte.
Paul wird zaubern. Er spricht geheimnisvoll über ein Kunststück, das er vorführen will.
Am Abend haben die Kinder Gelegenheit, gemeinsam Musik zu hören und zu tanzen.
Dann gibt es Kartoffelsalat und Würstchen. Ole isst viel zu viele Würstchen.
Er ruft: „Das war ein schöner Abend, aber jetzt ist mir sehr, sehr schlecht!"

neue Lernwörter

Abschiedsfest	Gelegenheit	Kunststück	sorgfältig
am schönsten	Gruß	lädt ein	spricht
anzünden	hängen	liest	stellt
dazu	herzlich	lustig	Tafel
Einladung	isst	Musik	tanzen
freundlich	Kartoffelsalat	putzen	vorführen
Gedicht	Kerze	schlecht	Würstchen
geheimnisvoll	Klassenzimmer	Schrift	zaubern

1. Unterstreiche die neuen Lernwörter im Text.

2 Partnerdiktat: Diktiert euch gegenseitig die folgenden alten Lernwörter.

Abend, Blume, bunt, danach, dann, Ecke, Fenster, ganz, groß,
hören, ihrem, jetzt, Junge, Kind, Klasse, Mädchen, möchte, schön, schreiben,
sehr, später, über, viel, viele, vorlesen, wird

3 Welche neuen Lernwörter entdeckst du an dieser geschmückten Tafel?
Schreibe die Wörter auf.

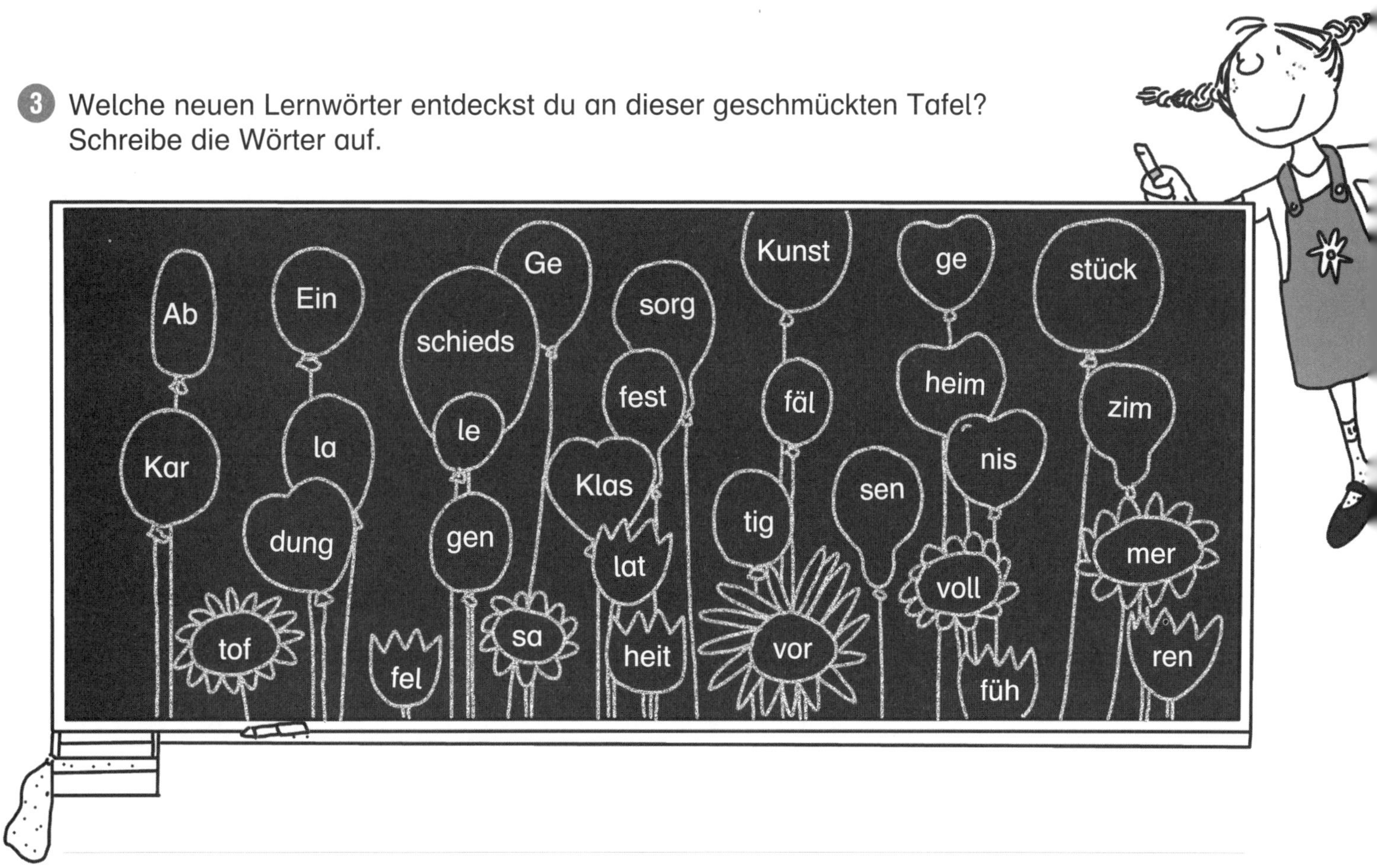

4 Welche neuen Lernwörter hat Paul in seinem Zauberhut versteckt?

5 Bilde zusammengesetzte Nomen.

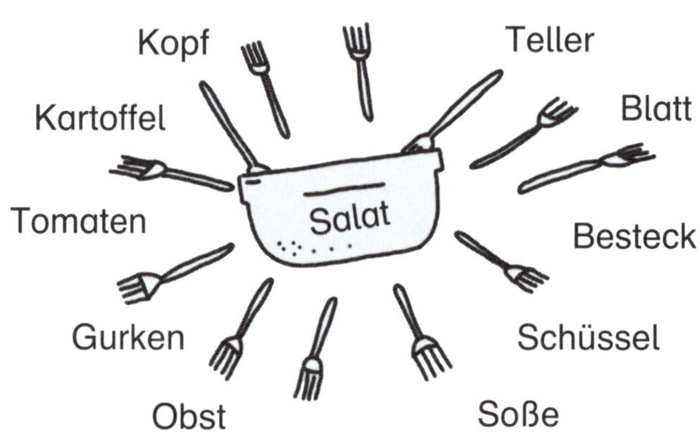

6 Ordne immer fünf Lernwörter nach dem Abc.
Schreibe zuerst 1, 2, 3, 4 oder 5 in die Kreise.
Schreibe die Wörter nach dem Abc geordnet daneben.

◯	dazu	1 ______	◯	Tafel	1 ______
◯	spricht	2 ______	◯	Kerze	2 ______
◯	Schrift	3 ______	◯	zaubern	3 ______
◯	Musik	4 ______	◯	einladen	4 ______
◯	lustig	5 ______	◯	freundlich	5 ______

◯	Abschiedsfest	1 ______
◯	Würstchen	2 ______
◯	geheimnisvoll	3 ______
◯	sorgfältig	4 ______
◯	anzünden	5 ______

7 Wie heißen die Reimwörter?

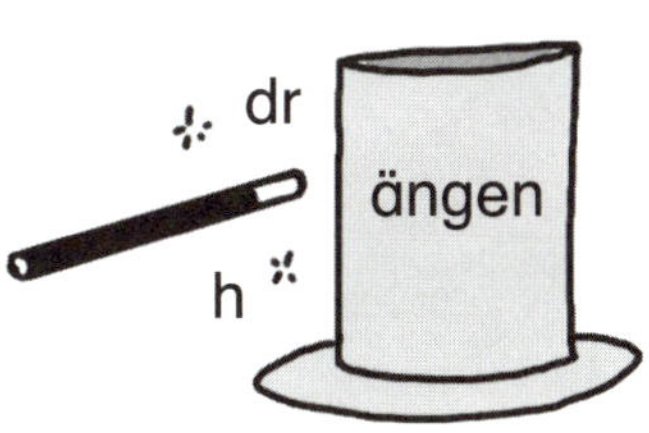

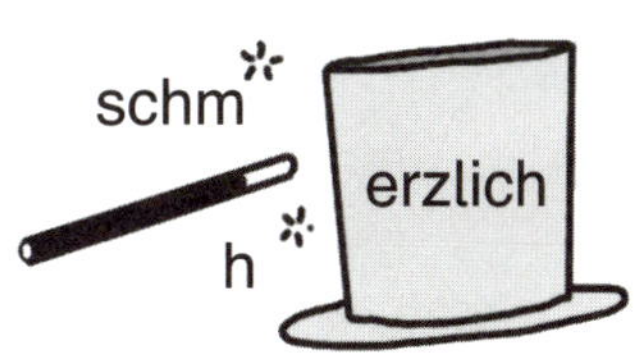

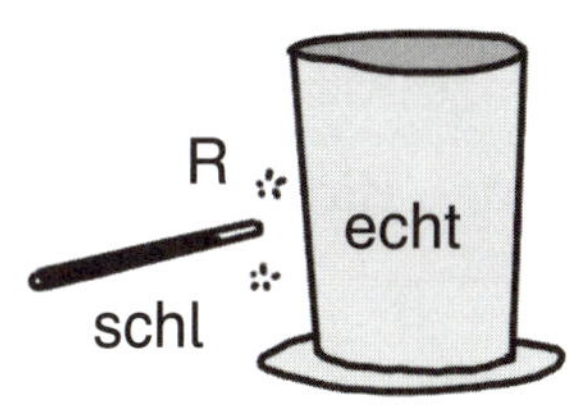

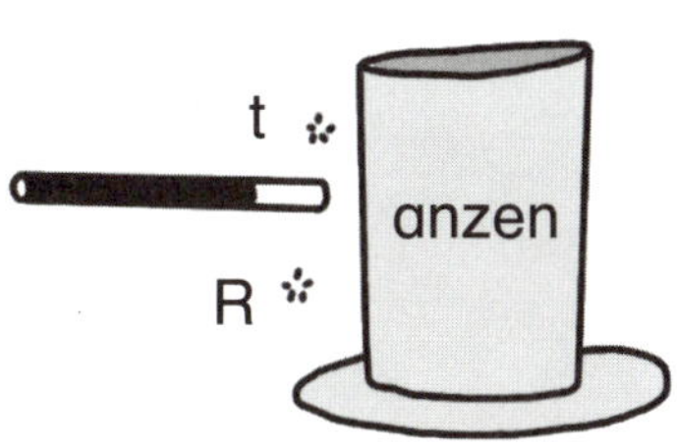

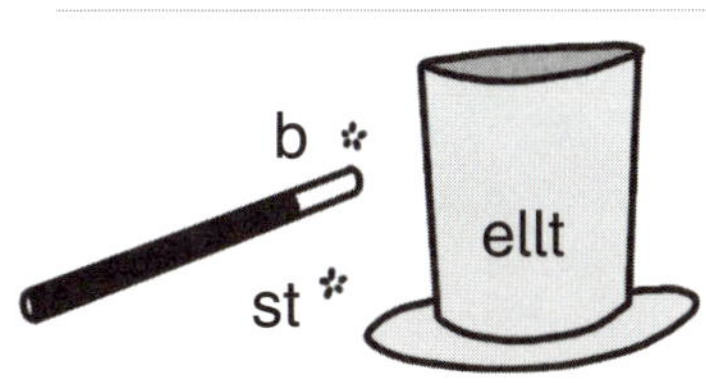

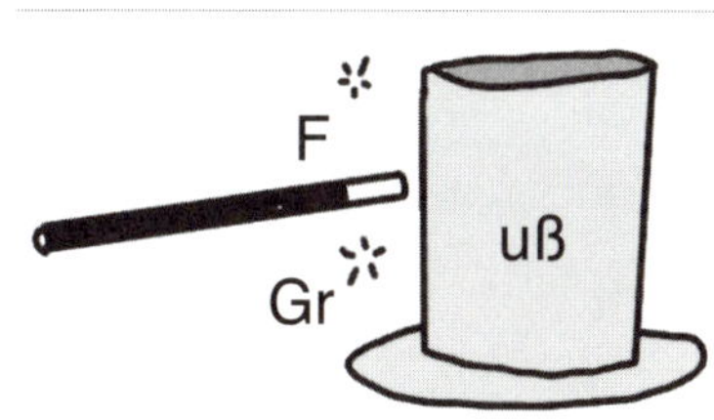

8 Wer tut was?
Verbinde zugehörige Sprechblasen und schreibe die Antworten als Sätze auf.

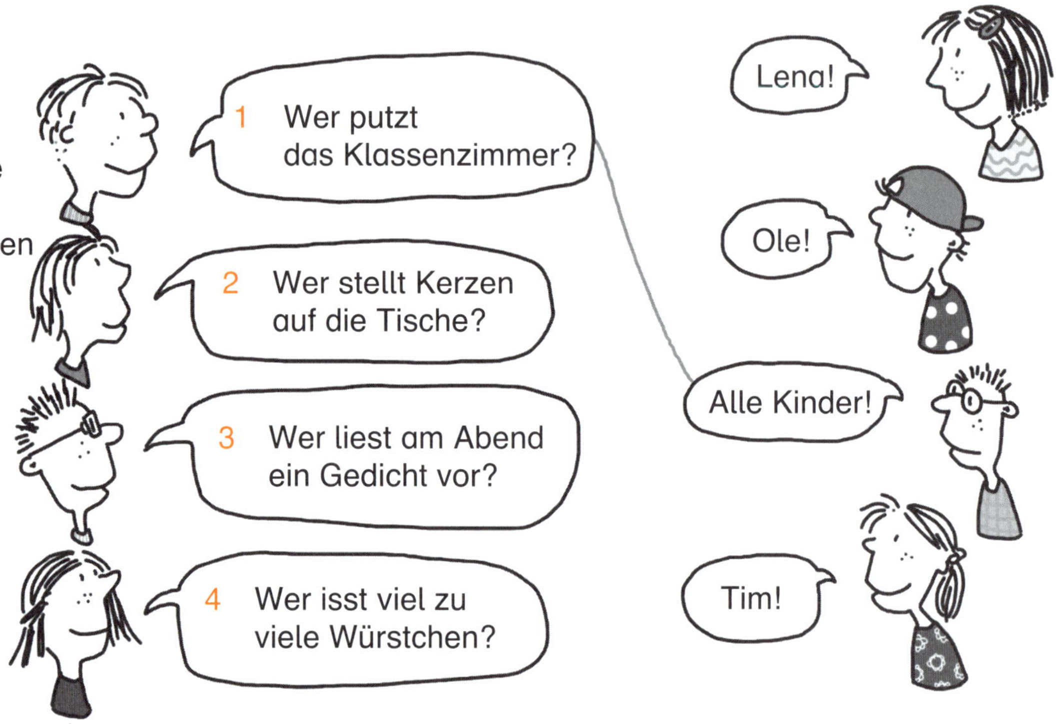

1 Alle Kinder putzen

9 Schaffst du es, den vorgegebenen Satz immer neu zu verlängern?

Die ganze Klasse lädt ein.
Die ganze Klasse lädt zu ihrem Abschiedsfest ein.
Die ganze Klasse lädt herzlich zu ihrem Abschiedsfest ein.

Lena liest.

Ole isst.

10 Partnerdiktat!
Lest die Lernwörter-Geschichte von Seite 48 noch einmal gemeinsam.
Diktiert euch den Text dann abwechselnd.
Überprüft zum Schluss des Diktats genau, ob alles richtig ist.

Igels Angebote

Kennst du einen Zauberspruch? Schreibe ihn in dein Heft.

Führe in der Klasse einen Zaubertrick vor.

Welche Reime zaubert Paul? Schreibe sie in dein Heft.

Knister Knaster Knollenbier,

Knister Knaster Knäckebrot,

Knister Knaster Knochengrab,

Knister Knaster Knallbonbon,

Knister Knaster Knoblauchzeh,

Knister Knaster Knopflochrand,

Knister Knaster Kniesebein,

weil sonst großer Schrecken droht!

tun mir diese Schuhe weh!

wird aus dir ein Schuhkarton!

sei gefälligst nett zu mir!

lass uns lieber Freunde sein!

schwinge ich den Zauberstab!

das ist ziemlich hirnverbrannt!

(© Gerald Jatzek)

Schreibe diesen Einkaufszettel für Kartoffelsalat richtig in dein Heft.

Kartoffeln
Olivenöl
Essig
Senf
Salz
Schnittlauch
Zwiebeln
saure Gurken

Schreibe das Rezept deines Lieblingssalates in dein Heft. Sammelt alle Salat-Rezepte (vielleicht für euer eigenes Abschiedsfest?) in einem Heft.

Wörterliste

A/a
Abend*
aber*
Abschiedsfest
abstellen*
  stellten ab*
Afrika
alle*
allein*
allen*
alles*
als*
alt*
  älter*
am*
an*
Angst*
anmalen*
antworten*
  antwortete*
anziehen
  zog an
anzünden
Apfel*
  Äpfel*
arbeiten
  arbeitet
ärgern
  ärgert
  ärgerten
Arm*
  Arme*
Arzt
  Ärzte
Ärztin
  Ärztinnen
auch*
auf*
aufhängen
Auge*
  Augen*
Augenblick
aus*
aussehen*
  sahen aus*

B/b
Bach*
bald*
Ball*
Banane*
  Bananen*
Bank*
Bastelbuch*
basteln*
  bastelt*
Bauch*
bauen*
  baute
  gebaut
Baum
  Bäume
Beere
  Beeren
beide*
bekommen*
  bekommt
  bekam*
Berg*
  Berge*
Beruf
  Berufe
besser
besuchen*
Bett*
bezahlen
  bezahlt
Bild*
  Bilder*
Birne*
  Birnen*
bitten*
  bittet*
Blatt*
blöd
bloß
Blume*
  Blumen*
Boot*
böse*
brauchen*
  braucht*
bremsen
  bremste
brennen
  brennt
Brett
  Bretter
Brief*
  Briefe*
bringen*
  brachte
Brot*
Brücke*
Bruder*
Buch*
  Bücher*
bunt*
Burg*
Butter*

C/c
Computer

D/d
da*
dabei*
damit*
danach
dann*
das*
dazu
Decke*
dem*
den*
denn*
der*
des*
die*
Dorf
  Dörfer
dort*
Drachen*
drei*
dürfen*
  darf*
  durften*

E/e
Ecke*
  Ecken*
Ei*
  Eier*
ein*
eine*
einem*
einen*
einer*
einladen
  lädt ein
  luden ein
Einladung
  Einladungen
einmal
entdecken*
  entdeckte
entlang
entwickeln
  entwickelten
er*
erfinden
erklären
  erklärt
erst
erzählen*
  erzählten*
es*
essen*
  isst
  aßen

F/f
Fabrik
fahren*
  fährt*
  fuhren*
Fahrrad*
  Fahrräder*
Fahrt
fallen*
  fällt*
  fiel
Familie
fangen
  fängt
Feder*
  Federn*
Fenster*
  Fenster*
Ferien*
Feuer
Feuerwehr
finden*
  findet*
Finger
  Finger
Fisch*
  Fische*
fliegen*
  fliegt*
Fluss*
  Flüsse
flüstern*
  flüstert
  flüsterte*
Förster
fragen*
  fragt*
Frau*
frei
fressen
  frisst
freuen*
Freund*
  Freunde*
Freundin*
  Freundinnen*
freundlich
fröhlich
früh
fünf*
Fuß*

G/g
ganz*
Garten*
geben*
  gibt*
  gaben*
Geburtstag*
Gedicht
geheimnisvoll
gehen*
  geht
  ging
gehören
  gehörten
gelb*
Gelegenheit
gemeinsam
Gemüse*
gern*
Gesicht
gesund
gießen*
glänzen
  glänzten
Glück*
glücklich*
  am glücklichsten
golden
graben
  gräbt
  gruben
Gras*
groß*
  größer*
grün*
Gruß
gut*
  besser
  am besten

H/h
Haar*
  Haare*
haben*
  hat*
  hatten*
hämmern
  hämmerte
Hand*
  Hände*

hängen
hart*
Haus*
heimlich
heiß*
heißen*
heißt*
helfen
hilft
Helm
Hemd*
heraus*
Herr
Herren
herzlich
heute*
Hilfe
Himmel*
hoch*
am höchsten
hoffentlich
holen*
holt*
holte
Holz
Hölzer
hören*
hört*
hörte
gehört
Hose*
Hund*
hüpfen*
hüpften
Hütte

I/i

ich*
ihm*
ihn
ihr*
ihre*
ihrem*
ihren*
ihres*
im*
immer*
in*
ist*

J/j

Jacke
jagen
jagt
jagte
jedem*
jetzt*
jung*
Junge*
Jungen*

K/k

Käfer
Käfig*
kalt*
kämpfen
kämpft
kämpften
Karte
Kartoffel*
Kartoffeln*
Kartoffelsalat
Katze*
kaufen*
kauften*
keine*
Keller*
Kerze
Kerzen
Kind*
Kinder*
Kirsche*
Kirschen*
Klasse*
Klassenzimmer
kleben
klebte
Kleid*
Kleider*
klein*
klug
am klügsten
Knopf*
Knöpfe*
kochen*
Koffer*
kommen*
kommt
König
Könige
können*
kann*
konnten
Kopf*
krank*
kriechen
kriecht
krochen
Kuchen*
Kunststück
Kurve
kurz
kürzer
am kürzesten

L/l

lachen*
lachten
lang*
langsam*
langweilig*
lassen*
lässt
Laub
laufen*
lief*
laut*
leben*
lebten
legen*
legt*
Lehrer*
Lehrerin*
leise*
lenken
lenkte
lernen*
lesen
liest
Leute*
lieb*
Lied*
liegen*
liegt*
lagen*
Loch*
lustig

M/m

machen*
macht*
machte
Mädchen*
Mädchen*
malen*
malt*
Maus*
Meer*
mehr*
mein*
meine*
meinem*
Messer*
Messer*
mich*
mir*
mischen*
mischt*
mit*
Mittag*
Mittagessen*
möchte
mögen*
mag*
müde
Mund*
Musik
müssen*
muss*
mutig
Mutter*

N/n

Nachbar
Nachbarn
Nahrung
Nase*
nehmen*
nimmt*
nahm
nicht*
niemand
noch*
Norden
nun
nur*
Nuss*
Nüsse*

O/o

Ohr*
Ohren*
Oma*
Opa*
Osten
Osterei*
Ostereier*

P/p

packen*
Pfanne*
Pfannkuchen*
pfeifen*
pfeift
pfiff*
Pferd*
Pflanze*
Pflanzen*
pflanzen
pflanzt
plötzlich*
Pudding
Puppe*
putzen
putzte

Qu/qu

R/r

Rad*
Räder
Rauch
rechnen*
Regen*
regnen*
regnete*
Reh
Reifen
Reifen
rennen*
rennt*
rannten
riesig
Ritter
Ritterburg
rot*
Rücken*
rufen*
ruft
rief*
rund*
rutschen
rutschten

S/s

sägen
sägte
Sahne
sammeln
sammelte
Samstag*
sauber
scheinen*
schien
Schere*
schimpfen*
schimpft*
schimpfte
schlafen*
schlief
schlagen*
schlug*
schlau
schlecht
Schluss*
schmecken
Schnecke*
Schnecken*
Schnee*
Schneemann*
schneiden*
schneidet*
schnitten
schnell*
schneller
schon